일방적 사랑

일방적 사랑

유승도 시집

詩와에세이

2012

차례__

제1부

제2부

제3부

제4부

제1부

일방적 사랑

송홧가루 휘날려 숲이 부옇다
나는 아니라고 네가 찾는 것이 나는 아니라 해도
꽃가루 가루가루는 그래도 좋다네 다 좋다네

푸른 세상

어제보다 푸른 오늘이다

수백 아니 수천 마리의 벌레를 잡아 죽이고 늦은 아침을 먹는다

포도잎 뒷면에 다닥다닥 붙은 노랗고 검고 하얀 벌레들

털이 송송 난 벌레들을 장갑 낀 손으로 꾹꾹 누르거나 슥슥 문질러서 으깨 죽일 때, 벌레들은 갉아먹었던 포도잎을 몸 밖으로 내보내며 제 몸속의 푸르름을 증명한다 하얗거나 노랗거나 검었던 몸빛은 그저 허울이었노라고, 몸속은 푸른빛이라고, 그것이 내 빛이라고, 먹는 것의 빛이 곧 내 몸빛이라고

벌레들의 소리를 온몸으로 들으며 내 몸을 바라본다 나도 꾹 눌려 터진다면 푸른빛으로 감싸일까? 누군가 나를 쓱 문지른다면 말없이 으깨져 푸른빛이 될 수 있을까?

푸르른 것들을 입안으로 넣으며 창 밖의 푸른 세상을 바라본다

여명

꺼꺼꺼거거거거경 꺼어꺼

꿩의 울음소리가 쫙 깔린 어둠을 일으켜 세운다 집 앞 묵밭 어디쯤에서 살려달라고 외친다

어둠이 눈을 떠 푸르스름한 빛으로 세상을 본다

남겨진 일

산골에 살면서, 해야 하는데 하지 못한 일들이 있다

그 중 하나가 독사의 머리를 막대기로 누르고 발로 몸통을 꾹 밟은 다음에 엄지와 검지를 이용해 아가리와 몸이 이어지는 부분을 꼭 쥔 다음 슬쩍 들어 올리는 일이다 내 팔을 으깨어버릴 듯 감아쥐는 뱀의 몸통을 풀며 슥슥 아래로 아래로 훑어 내리는 일이다

놈의 꿈틀거림이 손으로 뇌로 파고들면 나는 사냥꾼의 피가 다시 휘도는 발에 힘을 주어 땅을 박차고 하늘로 솟으며, 손에 쥔 뱀의 아가리를 눈앞으로 올려 놈의 벌려진 입속 날카로운 이빨을 노려볼 것이다

어쩌면 나를 위태로운 경지로 몰아넣거나 죽일 수도 있었던 이빨을 바라보며, 내 손에 잡혀서도 살려고 발악하는 뱀의 꿈지럭거림을 본받을 것이다

그래, 목숨이 끊어지기까지는 삶의 줄을 잡아당겨야 한다 포기하고 몸을 축 늘어뜨려, 다가오는 죽음에 앞서 죽지는 말아야 한다

뱀은 순순히 목숨을 내놓지 않는다 허물이 벗겨져도

꿈틀거림을 멈추지 않고 끓는 물에 던져질 때까지, 던져져서도 꿈틀거림을 멈추지 않는다 삶아지면서도 주검까지 감싸는 힘으로 몸을 뒤틀며 삶긴다 영원히 꿈틀거린다 그렇기에 뱀이 기어 다니던 산은 오늘도 산맥을 이루며 바다로 달리고 있지 않은가?

겨울이 오기 전에, 독이 퍼렇게 오른 얼음의 짐승 살모사 한 마리 엄지와 검지 두 손가락으로 꽉 눌러 잡아 내 머리 위로 치켜 올리리

눈앞에서 허공을 감고 올라가는 뱀의 꼬리를 바라보며 남은 인생을 살아야겠다

쥐를 묻으며

덫으로 잡은 쥐를 개울에 넣어 죽여 포도밭에 묻었다
녀석은 눈을 뜬 채로 죽었다 억울했겠지
내가 사는 집이 사람 집이 아니라 쥐 집이 될 판이니 어쩌냐
억울했겠지 그래도 이제 죽었으니 편안히 썩어서 포도나무나 되어봐라
내년에 달린 포도를 내가 먹고 '찍찍' 운다면 네 억울함도 포도잎을 흔들고 가는 바람 정도 될 수 있을까

콩알을 주우며

떨어진 콩잎 사이 혹은 잎 아래 몸을 숨기고 있는 콩알을 주우며 맞는 겨울바람은 차갑다 겨울바람이어서 차가운 것이 아님을 콩알은 알 것이다

매끄럽고 풍성하게 보이는 콩알을 손가락으로 집어 올리며 나는 콩알에 비해 누추한 삶을 살고 있다고 생각한다

콩알은 맨몸으로 튀어 달아나는 아기인데 나는 함께 놀지는 못할망정 그릇에 주워 담는 데만 신경을 쓰고 있으니

기다림의 끝

투투투툭 뿌드드드드드
마음을 일으킨다
몸으로 만들어, 터지는 마음을 몸으로 만들어
일으킨다 펼친다 하룻밤 또는 이틀 밤 사이
무더움과 가뭄의 기억이야 말끔히 씻어버리고
막 돌 지난 아이, 살이 통통 오른 몸을 만든다
참나무 겉껍질을 들추며
내가 먼저야
아니 내가 먼저 펼칠 거야
우드드드드드 투투투투툭
표고버섯들의 반란이다
서로 겹치며 밀치며 눌리며 삐쳐나오는 표고버섯들
때가 되었어 때가 되었어 그래 때가 되었어
급하기도 해라 참나무에 들어 피어날 날을 기다리던 세월을 잊었어라
나 한번 멋지게 피어볼래 둥글게 통통하게, 저 태양을 가려볼래 온 땅을 덮어볼래 막을 수 없을 거야 막아도 나

갈 거야 찌그러져도 나가볼래 눌려서 피지 못해도 나가볼래 나가볼래 나가볼래

우트트트특 트트트특

달팽이의 먹이가 되면서도 꿋꿋하게 쑥쑥 활짝 활짝 자신의 마음을 열어젖힌다 공중으로 통 튕겨오를 기세다

앞을 가리던 참나무 껍질을 밀어 올리며 버섯들이 머리를 내민다

으아아아아아

궁시렁궁시렁

팔뚝만한 굵기의 푸르스름한 구렁이가
날 못 본 척 돌무더기를 넘어간다 '몸속으로 들어간 달걀을 어쩌라고'
날뛰는 토종닭들을 뒤로 하고 닭장을 나와

바닷가에는

바닷가에는 갈매기가 멍청히 앉아 있거나 우우 무리지어 날아다닌다
등대는 눈을 뜬 채 빙빙 돌거나 눈을 감은 채 멈춰 있다
배도 움직이거나 서 있고 물결도 일어서 밀려오거나 잔잔하다

나도 가만히 앉아 있거나 걷거나, 바닷가에 가면 그런다

장마 시작

산비둘기 두 마리

집 앞 전깃줄 위에 나란히 앉았다 빗방울이 떨어지기 시작한 지는 꽤 되었다

가만히 있던 한 놈이(아마도 수놈인 듯) 다른 놈을 향해 몇 발짝 다가가 머리와 가슴을 통째로 올렸다 내렸다 주억거린다

가만히 보던 놈이

얘가 왜 이래?

스르르 옆으로, 가까워진 만큼 멀어진다 그러자 다가간 놈도 주억거림을 멈추고 다시 앞을 본다

좀 심했나 싶었던지 멀어지던 놈이 다가가던 놈을 향해 비스듬히 몸을 기울인 채 고개는 앞을 향하고 가만히 어딘가를 바라본다 다가가던 놈도 멀어지던 놈을 향해 비스듬히 몸을 기울인 채 앞을 본다

좀 전보단 조금 더 강한 소리를 내며 빗방울들이 새들 아래의 나뭇잎을 때린다

한번 또 한번

다가가던 놈이 다가가면 멀어지던 놈은 그만큼 또 멀어진다

이윽고 멀어지던 놈이 '휘잇' 산 아래로 날아가고 난 뒤, 다가가던 놈은 멀어지던 놈이 있던 자리까지 닿게끔 날개를 쭉 폈다 거둔 뒤, 멀어지던 놈이 날아간 곳을 잠자코 바라본다 빗소리가 점점 더 세차게 숲을 때린다

상처

두 소나무의 가지가 서로 엇나가며 만났다
바람이 분다 두 가지가 흔들린다
만난 그 자리에서 두 가지가 서로서로의 껍질을 깐다
송진이 흐르고 살이 파인다
가지들은 그래도 자라고 바람은 또 분다
살기 위한 만남이
어쩌다 서로를 죽이는 만남이 되었을까

둘은 기어코 살과 살이 붙어 한 몸이 될까
하나의 가지가 죽어 썩어서 부러지고
한 가지만 남을까 아니면 두 가지 모두 죽을까

다시 바람이 분다
가지가 흔들린다 살이 파인다

아직은 떠나간 잎이나 새가 그리운 계절

끼악 끼악 꺅 끼악
가을이 깊어지며 비어가는 나뭇가지 끝에 앉아서
어떤 새인가
자신만의 소리로 세상을 울리고 있다 그러다,
꺅 꺅 꺅 꺅
숲 저편에서 또 어떤 새의 소리가 들려오니 그곳으로
끼악 끼악 답하며 서둘러 날아간다

돌이킬 수 없이 깊고 넓어진, 나뭇가지 끝 가을 하늘에
다가가고 싶지 않다 아직은

뜨거워라, 봄

포도밭에 가서 전지를 하고 있는데 아들이 뭔가 들고 뛰어온다

아빠, 이거 내가 만들었는데 먹어봐

꼼지락꼼지락 빵이며 과자 같은 걸 만들어 먹길 좋아하는 아들이 또 과자를 만들었다

어이구, 맛있는데!

내 말에 신이 난 아들이 통통 튀며 집으로 들어간다

내 어린 시절, 학교에서 나눠준 급식 빵을 집에 가져가 텃밭에서 일하던 아버지와 나눠먹던 그때가 아들의 뒷모습에서 번져나온다 앞산까지 다가와 있던 봄날이 갑자기 밀려들며 뜨겁다

나의 안식처는 너의 사냥터다

모기 한 마리 천장에 앉을까 말까 발을 붙였다 뗐다 하는데
근처에서 노리던 거미가 모기를 향해 펄쩍
방바닥으로 몸을 날려 날아가는 모기를 붙잡았다
그리고 추락하다 자신의 꽁무니에 연결된 거미줄에 대롱대롱
매달려 모기를 제압한 후 물고서 거미줄을 타고 올라 천장에 다시 붙었다

저녁을 먹으러 밥상 앞으로 다가가는데, 머리 위의 천장에서 일어난
한집안 다른 식구의 식사준비였다

가난한 세월

빼꾹 빼꾹 빼꾹

정부지원금을 아껴 장례비용을 모으던 회관 할머니가 죽은 지도 삼 년이 흘렀다

빼꾹 빼꾹 빼꾹

이 마을의 유일한 처녀였던 향미는 아이가 딸린 홀아비의 유혹에 넘어가 떠나고

빼꾹 빼꾹 빼꾹

젊어서 허리를 다쳤으나 돈이 없어 육십이 넘도록 기역자로 허리를 굽힌 채 살아왔던 꼬부랑 할머니도 할아버지만 남긴 채 땅속 집으로 갔다

빼꾹 빼꾹 빼꾹

몇 년 만에 찾아온 형님의 머리는 그새 반백이 되었고

빼꾹 빼꾹 빼꾹

둥개둥개 안아 재우던 아이의 키가 내 목에 닿는다

내가 내 아들만할 때 아버지는 돌아가셨다 그때 울던 빼꾸기소리가 빼꾹 빼꾹 빼꾹 지금도 들려온다

석양

바라라라라라라

열점박이무당벌레의 교미가 포도잎 위에서 저녁 햇살을 받으며 이어지고 있다 암컷 위에 올라탄 수컷의 떨림이 끝나기 전에 잎의 한쪽을 접어 올려 두 마리 무당벌레를 감싸서 손가락으로 누른다

너희들은 그래도 가장 좋은 순간에 죽으니 복 받은 거다

축복을 보내며 어디 다른 놈이 또 있나 시선을 이리저리 휘두르며 벌레를 찾는다

하늘에 번지는 석양을 나는 구태여 바라보지 않는다 벌레를 죽이는 내 모습이 곧 석양이니

혁명

삼일 전부터 눈이 내린다
앞산도 뒷산도 옆산도 밭도 집도 나무도 바위도 차도 길도 하늘도 하얗다
무엇도 말이 없다
바람이 분다 와와 나무에 붙었던 눈덩이들이 눈보라로 휘날리며 퍼져나간다 화급히 울며 날아가는 새도 이미 눈송이다

산속에 띄엄띄엄 흩어져 살며 만나지도 않던 사람들이, 길이 누워 있던 곳을 따라 밀대를 밀며 함께 눈을 치우고 있다

제2부

낯선 세상 속에서

문득문득 눈에 보이는 것들이 낯설기만 하다

마당가의 꽃들과 나무들도, 꼬리를 흔드는 개도, 아내와 아들까지도 그러하다

내가 도대체 어떤 세상에 있는 것일까

푸른 산과 숲에서 들려오는 새소리, 저 햇살, 바람의 모양을 그려주는 나뭇잎, 만질 수 없는 구름, 끝을 생각하는 자의 어리석음을 알려주는 하늘, 내 주위를 맴도는 파리 한 마리, 가슴을 '쿡' 예리하게 찌르는 누군가의 짧은 목소리

이 모든 게 왜 이리 고요하고 멈춰 있고 낯선 것이냐

그리고 나라는 너, 너는 누구냐

달아나는 것들은 엉덩이를 보인다

한때 사람이 살았던 반쯤 허물어진 집과, 찔레 조팝나무 키 큰 풀들이 빽빽이 자라난 밭이 숲 속에 있다

흑염소에게 풀을 뜯기기 위해 나무와 나무 사이로 이어진 길을 따라 그곳에 가니 후다다닥 반대편으로 뒤뚱거리며 도망가는 오소리, 성큼성큼 뛰어 몸을 숨기는 고라니, 둘 다 엉덩이가 통통하다

툭

방바닥을 기어 다니는 거미를 휴지로 감싸서 잡으니
통통한 몸이 터진다
툭
터지는 소리가 손가락을 타고 온몸을 울린다
거미가 이 세상에 내놓은 한마디의 말
손가락으로 들은 말

그냥

집 앞 죽은 뽕나무 가지에 플라스틱 병을 꽂아두었더니
사람들이 저거 왜 저기에 걸어놓았냐고 묻는다
왜냐고?
그냥, 죽은 나무를 보면 왠지 뭐라도 걸어주고 싶어서

내 몸 안의 저 어디쯤에서 들려오는

축축한 눈이 내리는 밤
세상은 눈이불을 덮거나 눈옷을 입거나 눈모자를 썼다
스며들 듯 안개가 퍼진다

희끄므레한 윤곽선으로 다가오는, 능선 위의 소나무 어디쯤에서
으흐흐흐흐흥 호어어어어헝 호르르르르
눈을 덮어쓴 새의 울음소리가 안개에 실려와 나를 감싼다

내 몸 안의 저 어디쯤에서 들려오는 소리를 향해 가고픈 마음을 새는 알고 있었을까

낙엽이 하늘을 가로지르며 날아간다

잘 있으라 한때 나를 알았던 사람아 혹여 내가 생각나도, 잘 있는가 볼을 스치는 바람에게도 묻지를 마라

눈이 옵니다

바람에 휘날리며 눈이 옵니다 마루까지 하얗게 덮였습니다 따뜻하던 날이 얼어붙으며 어둠이 내렸습니다 그래도 눈이 옵니다

이제 불이나 뜨끈하게 때면서 지내자며 아내는 이불을 내려 덮었습니다 나는 나무 보일러 가득 나무를 집어넣었습니다 온 세상이 눈에 묻힌다 해도 좋습니다 장작도 충분하고 쌀도 있고 김치도 독 가득 있습니다 겨울엔 문 닫아걸고 이불 속에서 몸 빼냈다 다시 넣으며 지내면 그것으로 좋습니다

눈이 옵니다 바람에 휘날리며 눈이 옵니다 처마 밑 마루를 덮으며 눈이 옵니다 마루 밑 신발까지 덮으며 눈이 옵니다

식욕이 꽃필 때

헛간에 놓아둔 페인트 깡통 속에 딱새가 둥지를 틀었다
하루에 한 개씩 일곱 개가 모아졌다
12일이 흘렀다
새끼들이 태어났다 시뻘건 고깃덩어리들이

며칠 뒤 흘깃 둥지를 훔쳐보니 이런
노란 부리의 새끼들이 입을 아 벌려 나를 먹고 싶다 외친다

텅 비었다

매일매일 부대끼던 아내와 아들이 없는 날
앞산 어디에도 마당 귀퉁이 살구나무 어디에도
띄엄띄엄 흩날리는 눈송이에도 눈송이 사이에도
아내와 아들은 없다
집 앞을 가로지른 전깃줄에도
산을 타고 넘어가는 길에도
들판에 쌓인 눈 위에도
눈 위를 걸어가는 개의 발자국 속에도
먹이를 찾아 황급히 날아다니는 딱새의 날갯짓에도
아내와 어린 아들은 없다
나 혼자 나 혼자서 맞이하는 눈 내리는 저녁에
세상은 고요하여
눈 내리는 소리가 들리는

고래 등에 올라

앞산도 옆산도 뒷산도 고래다
물바람소리 숨비소리 골짜기에도 등성이에도 가득하다
철썩 철썩 하늘 한번 치고 바다 한번 치며
꾸물꾸물 게으르게 노닐며 나아가는 고래들의 행진
검푸른 등 위에 씨를 심고 씨를 거두어 먹고 살았다
고래 등에 올라 넘실넘실 고래가 가는 곳으로 간다
고래 등에 살다 고래 등에서 죽은 자 고래의 먹이가 되어 고래가 되니
고래가 되고 싶어 고래 등에서 산다
푸르른 너울을 타고 텀벙텀벙 바다를 이리저리 가르는 고래의 등에서
만나느니 날선 파도와 귀를 후려치는 바람, 검은 구름이라 해도
고래와 더불어 갈 수 있다면 그것으로 됐다
어제는 칠흑 밤중인데도 휘황한 불빛이 감싸고 있는
섬 옆을 지났다 아침에 일어나니 함께 가던 사람들 불

현듯 사라졌다 어쩌랴
홀로 가야 한다 뭍을 떠나 바다로 들어간 조상 고래의 뒤를 따라
바다의 동물이 되어야 한다 고래의 먹이가 될 때까지
고래 등에 붙어살아야 한다 저 암흑바다의 바닥을 찍고 솟아올라
하늘 한 점 베어 물고 철퍼덩 바다에 떨어지며 지구를 들었다 놓는
외로운 고래가 되어야 한다

새싹

아홉 살 아들이 학교 친구를 데려와 집안과 밖의 경계를 허물며 놀기에 바쁜 봄날이다 달려가며 따라가며 숨으며 찾으며 나무에도 오르고 지붕에도 오르고 소리소리 지르며

잠잠해진 마당에 나가보니 꽃모가지를 내밀었던 금낭화도, 살짝 고개 들던 범부채도, 은근슬쩍 머리를 내밀었던 매발톱도 발에 밟혀 꺾이고 으깨지고 눕혀지고, 찬란한 전쟁터다

아이들은 자란다 새싹이 뭔인지도 모르며 아이들은 자란다

새벽 3시에 전화가 왔다

좆은 꼴리지도 않고
꽃은 마구 피는데

십여 년 전에도 이십여 년 전에도 한밤중 아무 때나 전화를 하더니
몇 년 만이더라 이번엔 좀 길었다

'어째 잘 사냐' 묻는다

아직도 외롭냐? 튀어나오던 말을 잡아넘겼다

달아난 잠을 잡으려 하니
지나갔던 봄날이 다가왔다가 다시 간다

어느 시인의 더러운 이력

○○ 회원
'어디어디' 동인
'무슨무슨' 문학상 수상
S대학교 졸업
△△ 대학교 교수
~이사장 ~위원 ~총장

삶의 빛깔

푸르른 나뭇잎의 하늘거림 속에도 붉은빛이 있다
봄날의 노란 꽃 하얀 꽃 속에도 붉은빛이 있다
다가오는 여인의 미소 속에도 붉은빛이 있다
아가의 움켜쥔 손에도 강아지의 '멍멍' 짖음 속에도 붉은빛이 있다

삶은 푸르다고, 희거나 검다고 얘기하지 말라
깊숙한 골짜기에서도 '우당탕탕' 물줄기가 치달아 내려가며 붉은 피를 흘린다

7월

나를 닮은 그늘을 땅에 드리운다
풀도 나무도 바위도 벌레들도 구름도 새도 자신의 그늘을 만든다
심지어 바람까지도 그늘을 뿌리며 지나간다

3월, 종잡을 수 없는 바람이 분다

아내가 말없이 집을 나갔다

집가 회양목을 흔들며 바람이 분다 사방을 둘러보니 뽕나무도 호두나무도 복숭아나무도 저 멀리 낙엽송도 흔들고 있다 남쪽에서 불어오는가 싶더니 서쪽에서 불기도 하다가 동쪽에서 불기도 하다가 휘돌기도 한다

아내는 집으로 들어오지 않을 지도 모른다 그녀가 없다면 내 쓸쓸함을 흔들어줄 바람은 또 어디서 불어올 것인가

햇살은 따듯하나 바람은 차갑다

방사능비가 내리는 날에

내가 열일고여덟 살이었을 때에는

비를 맞으며, 눈물을 하염없이 흘리며 길을 걸었다

어머니 같은 소녀가 있어 우산을 씌워주는 순간을 은근슬쩍 그리며 길을 걸었다

굳이 뛰거나 처마 밑에 서서 비를 피하지 않았다 하늘을 가리려 하지 않았다

제3부

잔잔한 강

오세요
산도 새도 구름도 해도 오세요
비행기도 괜찮아요
달도 별도 오세요
배 띄우고 싶으세요?
당신도 오세요
오고 싶으면 오세요
무엇이든 괜찮아요
나를 흔들고 싶다고요?
그래도 괜찮아요 오세요

먼 산을 바라보다

저 놈을 어떻게 먹어야 하나
눈빛이 부드러운 게 사람은 누구라도 좋아하고
짖을 땐 컹컹 목소리도 제법 우렁차다
나만 보면 좋아 어쩔 줄 모르며 우왕좌왕 오줌도 질질
이제 다 컸는데
잡아먹을 때가 됐는데

빈자리

'너 죽을 줄 알아'
맞던 내가 덤벼들자 아이는 싸릿대를 내던지며 뒤돌아
달렸다

잠겨진 문을 두드리며 문 열라고 소리를 질렀던가
안에서 웬 여자의 소리가 들렸다
'어미 없는 놈이'

문을 때리던 손을 멈추고 가만히 서 있다가 돌아서서
집으로 발을 옮겼다
내 옆엔 어미가 없다는 것을 그때야 알았다

소방관

쓰레기를 태웠는데 불꽃이 남아 사라지지 않는다

바지 지퍼를 내리고 거시기 소방호스를 꺼내어 쉬 쉬이이이

수증기가 오르는 검은 자리를 뒤돌아보면서 나는 안심하며 자리를 뜬다

겨울

꽃이 피고 벌이 붕붕 날던 시절을 모른다 녹음 아래 산들바람이 오가던 날의 흔적도 없다
뾰족한 바람이 뼈만 남은 가지조차 찌르며 횡행하는 산에 때까치 먹이 찾아 분주하게 허공을 친다 메마른 잎을 떨구지 않고 서걱이는 떡갈나무의 삶에 대한 애착조차 끊으며 달려나가는 바람
풀도 나무도 꽃을 피우지 않았고 잎을 틔우지 않았고 열매를 맺지 않았다

사람

어쩌다 도시로 나갈 때마다, 사람 외에는 보이지 않는 세상을 본다

빌딩들은 길쭉하면서도 미끈한 신사숙녀들이다 빌딩 앞의 조각상은 사람의 마음속 사람이고 거리의 음악은 흐느적거리며 걸어가는 사람의 뒷모습이다

노랗거나 흰 페인트로 자신을 드러내고 있는 길들은 한없는 갈래로 갈라지며 어디가 머리고 어디가 발인지 알 수가 없는 사람이다 그 위를 네 발로 구르는 사람들은 바쁘고 또 바쁘다

도시를 가로지르는 강은 화장을 짙게 한 여인이다 여인의 몸 위에 걸쳐놓은 다리는 엎드려 흐느끼는 사람이다

공원은 쉽게 제 속을 드러내지 않는 사람의 온화한 표정이요 휘황한 불빛들은 사람들의 웃음소리요 가로수는 온몸을 꽁꽁 묶인 채 자유를 외치는 사람이다 바람도 기름지거나 까칠하거나 차갑거나 뜨거운 사람의 얼굴이다

저마다 다른 모습을 하고 있지만 고개를 갸웃하고 바

라보면 하나의 사람이다

반달

삶 중에 반을 차지하는 죽음을
보이지 않는 곳에 두고 살아가는 내가 보인다

메주

먹구름이 나직이 깔린 날에 바람이 불어 금방 눈이라도 펑펑 쏟아질 것 같은데 아내는 불린 콩을 가마솥에 넣고 불을 지폈다 화덕의 뒤편에서 바람이 불어왔지만 연기를 덮어쓰며 꾸역꾸역 잔가지를 넣었다 가마솥은 어찌어찌 끓어 넘쳤다 뜸을 들이는 시간을 거쳐 다시 한번 불을 지펴 김을 올렸다

갈팡질팡 끊임없이 심술을 부리는 바람을 헤치며 나도 손을 보탰다 콩을 퍼 방안으로 옮겨 자루에 넣고 질겅질겅 밟아 으깨어, 한 덩이의 분량을 덜어내 도마에 놓고 손으로 툭툭 다듬어 네모난 형태를 만들었다

솟는 땀을 훔치며 만들어진 메주를 보니 못난이 바보형제들이다 그 중 못생긴 것이 꼭 나를 닮았다

마른 먼지 날리는 밭에 콩 심던 날도 이제 아득한 옛날이구나

바람

요즘 좀 뜸하다 했더니, 참외밭 집 노인이 위를 잘라내는 수술을 받고 서울에서 내려왔다고 한다 아침, 집 앞길을 그가 배에 손을 대고 살금살금 고양이가 되어 걸어간다

남편이 죽은 뒤 홀로 살던 언덕 윗집 할머니는 아들네로 갔다 하고 내가 이 마을에 들어오기 전 이곳을 떠났다 하는 기필이 할머니는 며칠 전 돌아와 살던 집 옆에 묻혔다

마을의 최고령자였던 할아버지가 그만 낮달이 되어 하늘에 뜬 초겨울, 어디서 온 지도 알 수 없는 한 사람이 마을 안쪽의 산등성이에 컨테이너 두 개를 갖다놓고 들어앉았다 전등 빛이 그 집 주위를 밤새워 밝힌다 마을에서 외톨이로 지내던 최 씨가 불빛 속으로 들어가고 나오는 모습이 눈에 띄곤 한다

올해도 농사를 갈무리한 정 씨 부부는 겨울비 내리는 날 월동지인 성남으로 떠났다 닭을 주라며 마루에 올려놓고 간 변질된 들깨 한 포대가 그들의 그림자로 남았다

홀아비로 살아가는 박 씨 집에 경찰차가 다녀간 날인 오늘도 밤이 깊었다 나는 이불을 덮고 누워 이곳을 떠나 어딘가로 가야겠다고 슬며시 마음을 다진다

장마

비가 멈춘 틈을 타고 중철이 아버지가 놀러왔다

자식들이 어제 왔다가 오늘 방금 전에 갔어, 건강보조기구 구입비로 천오백만 원이 마을로 떨어졌지, 서울대의대에서 봉사활동 나와 진찰도 해주고 구급약품도 통에 넣어 주더라구, 어깨가 아프다고 했더니 근육이 뭉쳤다며 풀어주는 약을 이주일 치 지어줬어, 받아서 집에 갖다놓고 하나도 먹지 않았지

움직임도 없이 버티고 섰던 어두운 하늘에서 빗방울이 다시 떨어지기 시작했다

파업을 하던 농협직원들이 돌아왔더라구, 조합장한테 결국 진 거지, 영월 전체가 조합장인데 뭐, 재산세를 내고 와 영수증을 보니 날짜가 하루 빠르게 찍혀 있어 전화를 걸어 왜 그렇게 됐냐구 물었더니, 괜찮다고 아무 일 없다고 그러더라구, 그러니 내가 뭐라고 그럴 수가 있어야지 괜찮다는데, 윗집 형상이는 마누라 통장에 들어 있는 돈을 마누라 허락도 없이 농협에서 빼내 썼다구 그러더라구, 아는 농협직원이 그냥 빼줬다는데 그래도 되나?

저 위에 마을에 사는 지광이는 집을 포함해서 땅을 전부 팔았다네, 절에 팔았는데 집값을 포함해서 평당 이십만 원인가 얼만갈 받았다지

하늘의 어둠이 내려와 땅을 덮기 시작해서야 중철이 아버지는 엉덩이를 일으켰다 어둠보다 무거운 엉덩이다 그 엉덩이가 우산을 쓴 채 다리에 얹혀 멀어져간다

비 내리는 소리가 보이지 않는 엉덩이의 모습으로 다가온다

겨울엔 홀로 살아남아야 한다

앞가슴이 공처럼 부푼 산비둘기 한 마리가 걸어간다
머리를 앞으로 뻗었다 거두어들이며 발을 옮긴다
가을을 내모는 바람이 몰아치는데
낙엽을 밟으며 묵묵히 나아간다

어디로 가냐고 묻지는 마라

장난

아들이 권총에 하얀 쌀알 비슷한 플라스틱 총알을 장전하여 빨랫줄에 앉은 잠자리를 쏘았습니다
첫 번째 알은 빗나갔습니다
두 번째 알은 빨랫줄을 맞혔습니다
세 번째 알은 잠자리의 날개를 스쳐갔습니다(잠자리가 움찔했지요)
네 번째 알은 잠자리의 몸통을 맞혔습니다
떨어진 잠자리를 찾으러 아들이 빨랫줄 아래로 달려갔습니다

좀 날아가지
옆자리에 앉았던 사람이 말을 했지요
나는 그냥 바라보고 있었습니다 어차피 나도 잠자리니까요

하늘 뒤편

내가 그렇게 좋니?
오른손등에 앉은 고추잠자리를 왼손으로 쫓으니 날아올라 어깨에 앉고
어깨를 들썩이니 내려가 팔에 앉고
팔을 흔드니 왼손 손가락에 날아가 앉는다

오른손을 슬그머니 잠자리 옆으로 움직여 엄지와 검지로 날개를 '착' 잡으니
그제야 '놔줘' '놔줘' 꼬리와 발과 날개를 허우적대며 소리지른다
그런다고 하늘이 휘저어질 줄 아니? 너는 손가락 끝에 돋아난 내 몸이 되었으니 그만 잠자리임을 포기하거라

해볼 짓은 다 해본 뒤에야 잠자리는 다소곳해졌다 세상이 다시 조용해졌다
어쩌랴 세상을 흔들기는 싫으니,
검지와 엄지 사이를 벌리니 잠자리는 꽁지에 붙은 불

을 털며 화다닥, 집 앞 길 건너편 위 하늘 한편에 자신을
박아 넣어 뒤편으로 사라진다

승도

나뭇가지에 달린 분봉군을 받아 새 통에 넣었더니
다른 집을 찾아 어디론가 가버렸다
남겨진 몇 마리 벌들이 입구를 들락거리던 오후도 지
나
어스름이 덮인 벌통의 문을 열고 살펴보니
한 마리 벌이 남아 잠에 들었는지 꼼짝을 않고 있다
바닥을 '퉁' 치니
화들짝 몸을 튕겨 자세를 바로하여
누구야
우왕좌왕 앞으로 갔다 뒤로 갔다

봄이다

삐이― 삐이― 삐이― 삐이―

겨우내 보이지 않던 주먹만한 새가 느릅나무 우듬지에 앉아 말을 한다

아직 잎을 틔우지 못한 느릅나무는 부산하게 몸을 떠는데

잎도 꽃도 피우지 못하는 나는 새소리를 듣고 있다

잘 있다 왔냐? 묻고 싶긴 했지만

삐이― 삐이―

그저 듣고 있다

지금도 그날처럼

뗏목에 몸을 얹고 동강을 지나 남한강 굽이굽이 서울로 내려가던 떼꾼들의 이야기는 지금도 여울목 물소리로 전해집니다

산과 산 사이를 휘돌며 죽음의 소용돌이도 비켜지나 급류 격류도 타고 지나 어라차차 가다가 문득 펼쳐지는, 이 무슨 커다란 거울인가

강변의 산들이 낮아지며 강의 품이 넓어지며 흐름이 멈춘 듯 이어지는 데에 이르면 고요가 넘쳐흘러 떼꾼들도 삿대를 놓고 달빛이 깔린 강에 멍청히 앉아 흘러가는데

어질어질 미끄러지며 다가오는 저것이 무엇일까
달 하나 달 둘 달 셋 뗏목 위에 앉히니
술이 흐르고 노래가 흐르고 춤사위가 흐른다
달에 사는 사람인가 강에 사는 달인가
아가씨야 우리 함께 여기서 살자

염원의 소리를 그 누가 들었을까 달빛 거울이 문득 깨지며 물소리 먼 듯 가까이서 들려온다

서둘러 배에 옮겨 타고 멀어지는 아가씨들

떼꾼들 붉은 숨 들이쉬며 장딴지 허벅지에 힘을 준다 울울쿠르르 물소리 다시 일어선다

어기여 차차차차 내 사는 날까지 떼꾼이 되리 뗏목을 타리

남겨진 목숨이야 훠이 물새에게 던져주며 강 따라 내려가던 떼꾼들 이야기가 여울목 물소리로 들려옵니다 지금도 그날처럼 들려옵니다

배추벌레를 잡으며

속이 차기 시작한 배추의 오므라든 잎을 살피니

여기저기 갉아 먹혀 구멍이 뚫리고 잘려나간 잎들이 햇살 아래 찬란하다

이거 올해 김장 못 해먹는 거 아닌가

부랴부랴 포기 하나하나 살피며 벌레 잡아 죽이기에 들어간 가을의 한낮

부지런히 식사 중인 벌레를 엄지와 검지를 이용해 잡으면 거무튀튀하거나 푸르른 벌레들은 몸을 움츠려 둥글게 말며 비명을 지른다

나도 살려고 그런다 나도 살아야잖니?

뜨끔하여, 집었던 벌레를 재빨리 땅에 놓은 뒤 발로 밟으며 말했다

나도 살아야잖니? 나도 살려고 그런다

한여름도 아닌데 햇살은 왜 이리 따갑다냐

하염없이

한 마리 두 마리 세 마리 네 마리 다섯 마리 여섯 마리 일곱 마리 여덟 마리 아홉 마리 열 마리 열한 마리 열두 마리 열세 마리 열네 마리 열다섯 마리 열여섯 마리 열일곱 마리 열여덟 마리 열아홉 마리

집 앞을 가로지르는 전선에 앉은 새들이 눈이 덮인 숲과 산등성이와 산 아래 들판을 바라보며 굳었다

눈은 그래도 내린다 검은 점이 된 새들의 날개 위로도

제4부

초승달

이 세상 저편에 또 다른 세상이 있다 하였나
겹겹으로 내려앉은 어둠의 장막도 완전하진 않아서
스을쩍 막을 들추고 바라보는 눈동자 있다

닭이 운다

새벽이 멀지는 않았지만 깜깜한 밤이다
닭이 운다 내가 잡아먹은 어미 닭의 목소리로
어미가 앉았던 그 자리 그 닭장 안에서
태초에 자신의 울음을 뿌렸던 닭의 기세 그대로
암흑의 세상 그 끝을 향하여 닭이 운다
오래전, 숲을 흔들던 소리로 닭이 운다
어둠의 세상 끝에서 닭이 운다

애국자가 아닌 아버지와 아들

아빠, 나 걱정 있어

뭔데?

으응, 나 군대 가기 싫어 외국 가서 육 년인가 칠 년인가 있으면 가지 않아도 된다는데

그래? 그럼 가지 말아야지 아직 시간이 많이 남아 있으니까 어떤 방법이 좋은가 천천히 생각해보자

일월에 태어난 까닭에 일곱 살에 초등학교 일 학년 학생이 된 아들이다 가기 싫은 군대에 억지로 끌려갔다 온 나였기에 아들이 싫다면 군대에 보내고 싶지 않다 군인으로 예비군으로 그리고 민방위군으로 이어지며 나를 놔주지 않는 병역의무의 억센 고리가 나는 싫다 그러나 감옥은 더 싫고 도망자도 싫기는 마찬가지였다

오늘 밤, 역시 내 아들은 틀림없는 내 아들임을 확인하는 밤, 너 역시 애국자는 아니로구나 그래 너만은 군대에 가지 말아라

날아가면 가는 만큼

까마귀 한 마리, 집 위 언덕의 소나무 우듬지에 앉아 하늘의 한쪽을 끌어당기듯 꼬리날개를 배쪽으로 잡아당기며 외친다

까— 까— 까— 까— 까— 까— 까— 까— 까— 까— 까— 까— 까—

악을 쓰지 않는데도 힘이 있다

까— 까— 까— 까— 까—

여기가 내 터인지는 알고 있겠지!

까— 까— 까— 까— 까— 까— 까— 까—

외치다 외치다 소나무 아래로 몸을 날려 산 아래로 날아가며 또 외친다

까— 까— 까— 까— 까— 까— 까— 까— 까— 까— 까— 까—

외치고 외치며 멀어질수록 하늘이 넓어진다

비바람 그치고, 밤

바람에 넘어지는 나무들을 보다가
휘어지면서 비에 젖는 나무들을 보다가
비도 그치고 바람도 잦아 꼿꼿이 서 있는 나무들을 보다가
밤이 되었다 풀벌레들이 그 사이 어디에 있다가
어둠을 흔들지 않으며 운다

무거운 하루

어둠이 깔린 길을 밟으며 등이 굽은 아주머니가 버스 정류장으로 가고 있다 언덕 위로 오르는 길을 따라서, 품을 판 집에서 얻었을 무나 배추가 들었음직한 보따리를 끌면서 간다

그녀의 집이 있는 마을은 산 너머 폐광촌 해가 떠도 어두운 마을로, 긴 다리를 끌면서 간다

산속 마을에 어둠이 덮일 무렵

바람도 멎은 저녁, 해도 기울어 땅거미가 마을을 갉아 먹는다

사람들은 찾아오는 이들을 반겨하지 않는다
떠나간 사람을 그리워하지도 않는다

찢겨진 의심의 눈초리로 서로를 바라보며
나뭇잎들도 서둘러 제 몸 가까이 어둠을 당겨 놓았다

나 또한 몸보다 커다란 소리로 울었던 때가 있었다

이른 아침부터 뻐꾸기가 울어대는 날들이 이어지고 있다
뻐꾸기는 산과 산 사이를 품는, 소리의 커다람에 비하여 몸집은 산비둘기보다 조금 클까

산에 깃들어 살면서 산을 울리는 새
언제였던가, 나도 내 몸보다 커다란 소리로 울며 메아리를 만들던 때가 있었다

숲의 침묵

염소우리나 지어볼까 하여 숲으로 들어가 나무들을 자르다 언뜻 주위를 둘러보았다 새소리도 어느 사이 멈추었고 바람 또한 사라졌다

무엇인가

톱과 낫을 쥔 양손에 힘을 주면서 나 또한 움직이지 않았다

발 앞으로 지나가는 것이 있었다 시선을 옮기는 순간, 머리 위에서 앞에서 뒤에서 옆에서 시퍼런 침묵의 외침이 날아들기 시작했다

베지 마라 베지 마라 베지 마라 베지 마라

삼월 어느 날 아침, 눈꽃의 세상입니다

산봉우리가 어디이고 기슭은 어디인가
의심을 풀지 않은 채 고개를 내밀었던 새싹들도 간 곳이 없다
가을의 풀들과 겨울나무의 가지에 척척 붙어 흰 꽃들만의 세상
소나무 이파리도 푸른빛의 자존을 접으며 몸을 숨겼다

안개구름이 걷히어가도 눈꽃의 산이야 더욱 환히 숨는다

시인정신

'시인정신' 이란 잡지를 받아볼 때마다 먼저 읽는 것은 주간의 여는 말이다 주간은 그때그때 자기가 하고 싶은 말을 여과 없이 써놓는다

무슨무슨 근엄하고 무겁고 어지러운 얘기들만이 앞자리를 차지하는 세상에서 투덜투덜 자신과 세상의 얽힘에 대해 얘기를 하는 주간의 글은 가장 재미있는 시이다

그렇지, 시이다

시란 그런 것이 아닌가?

까짓 거리낄 것이 무엇인가? 툭툭 퉤퉤 훅훅, 하고 싶은 말을 몸이 시키는 대로 하는 것,

오늘도 나는 잡지를 받아 머리말을 펼쳐든다 제호에 더할 수 없이 알맞은, 시 한 편을 읽는 맛,

주간과 '시인정신' 에 시복이 있기를

잘 가

눈만 살아서 함께 누워 있던 옆집 할머니와 할아버지
늡기는 할머니가 먼저 누웠는데 눈을 감긴 할아버지가 먼저 감았다
아들에게 윗몸을 일으켜 달래서 벽에 등을 기대고 앉았던 할머니
뻣뻣해진 할아버지가 손자들 손에 들려 방문을 나갈 때, 남은 힘을 모아 토해낸 한마디
영감, 잘 가

새들의 만찬

참으로 조용하기 짝이 없는 사람의 마을, 옆 숲 속
새들의 마을이 소란하다 서산 넘던 해도 주춤,
떼로 몰려다니며 모이 먹길 좋아하는 박새들,
먹고 사는 일은 좋아라, 노래 부르며 날개도 파닥파닥
고개도 까딱까딱 숲 속의 이야기를 나누면서도 부리는
모이를 놓치지 않고 토토톡 쪼기도 잘도 쪼아 먹는다
남겨진 오늘의 시간 동안 신나게 떠들며 먹고 놀으리

움직임이 없는 구름은 비를 많이 내리고

구름 아래 맘껏 물을 들이킨 나무와 풀의 푸르름도 무겁다 돈이 없어 치료를 받지 못해 젊은 시절부터 굽은 허리로 살아온 꼬부랑 할머니가 우산을 등 위에 쓰고 집 앞을 지나간 뒤로 눈에 띈 사람은 없었다

산길 포장 작업을 하던 굴착기도, 무밭 가에 쌓아둔 비료도, 곧 주저앉을 것 같은 산등성이의 폐가도, 비를 맞은 만큼 내려앉고 있다

벌도 새도 날지 않고 적막의 울음소리도 들리지 않는다 바람도 젖어 내리는 비오는 날, 시간도 비에 젖어 아침인지 저녁인지

어리석은 반성

낫을 들어 화단의 꽃들을 베었다 집의 진입로에 씨를 뿌려 가꾸어온 코스모스도 베어 넘겼다

꽃들은 어디에나 있었다 마음을 가꾼다며 이런저런 꽃들을 키워왔던 나날들, 그러나 가꾼 꽃들이 눈을 떠 불러도 나는 꽃들에게 시선을 주지 않았다

꽃으로 치장할수록 마음은 일그러졌다
고개 숙여 꽃밭을 가꾸던 시간에 고개 들어 집 주위의 꽃들을 바라볼 일이었다

유혹

고추를 따다 허리가 아파 밭 가로 나와 쉬고 있자니, 눈앞에 꽃들이 일제히 나를 본다 아가 손톱만한 꽃송이들이 눈웃음을 짓는다

건듯 지나던 바람에 실려 꽃의 눈웃음들이 내게로 날아온다 겨울 가뭄에도 끊이지 않던 골짜기 물소리가 불현듯 끊어졌다

일을 재촉하는 아내의 소리가 귀를 울렸으나 나는 고개조차 돌리지 않았다 일하고 싶지가 않았다

늦여름 풍경

원추리는 여름이 다 가도록 꽃을 피우고, 포도는 초록의 빛이 깊어 보랏빛으로 물들어 간다 꿀을 모으기에 바쁜 벌들을 부르며 집 옆 두릅나무 밭엔 두릅꽃도 만개했다

돌담 너머엔 담보다 높게 자라난 해바라기가 금방이라도 해맑한 꽃을 달 것도 같은데, 그 모습을 지그시 누르며, 거목으로 자라난 느릅나무가 집 앞에 검푸른 빛의 덩어리로 서 있다

느릅나무 꼭대기에 눈길을 주고 있자니, 뭉게구름이 새록새록 피어나며 '꿈' 자를 그리고 '꿈' 자를 지우며 느릿느릿, 쉼 없이 움직인다

삭도 버스정류장에서

대기소 투명 유리창 아래 땅에 날개 달린 짐승이 있다
눈을 반쯤 뜬 채
다리도 움츠리고 발가락도 움츠리고,
딱딱한 몸의 솜털을 헤치며 바람이 파고든다

발로 툭 치니 또그르 구른다
이걸 뭐라고 해야 하나?
얼었으니 얼음덩어리인가? 구르니 돌멩이인가?
고깃덩어린가? 아니면 새인가?

겨울은 물어도 대답이 없다

해설

심심한 풍경들의 심연

박수연(문학평론가, 충남대 교수)

시인은 언어로 그림을 그리는 사람이라는 말은 유승도에게 특히 적용되어야 할 것이다. 그의 시는 그의 몸 앞의 대상들과 그 대상들과 견주는 마음들의 따뜻한 풍경화이다. 사람이 숲에 산다고 모두 그럴 수는 없을 터이다. 자연의 대상들을 바라보며 마음의 풍경화를 그려볼 줄 아는 사람은 그만큼 대상의 숨결들을 제 것으로 삼아 살아가는 사람이라는 뜻이다. 그 자신이 저 무정한 자연물들의 하나가 되어 있는 것이다. 가령 이런 것들이다.

바라라라라라라
열점박이무당벌레의 교미가 포도잎 위에서 저녁 햇살을

받으며 이어지고 있다 암컷 위에 올라탄 수컷의 떨림이 끝나기 전에 잎의 한쪽을 접어 올려 두 마리 무당벌레를 감싸서 손가락으로 누른다

너희들은 그래도 가장 좋은 순간에 죽으니 복 받은 거다

축복을 보내며 어디 다른 놈이 또 있나 시선을 이리저리 휘두르며 벌레를 찾는다

하늘에 번지는 석양을 나는 구태여 바라보지 않는다 벌레를 죽이는 내 모습이 곧 석양이니

—「석양」 전문

이것을 생명 너머의 생태학이라고 할 수 있을까? 시인은 이제 막 또 다른 생명을 잉태할 무당벌레 두 마리를 눌러 죽이는데, 그 동작이 사뭇 태연하다. 아니, 태연하다기보다 당당하게 축복을 주는 태도이다. 심지어 그는 저 대자연의 흐름을 그 자신이라 칭하기도 한다. "벌레를 죽이는 내 모습이 석양이니"라는 진술이 그것이다. 여기에는 묘하게 착종된 심리가 있다. 목숨을 다하는 존재의 순간을 시간개념으로서의 석양에 빗대어 놓고 시인 자신을 석양이라고 말하는 태도가 그것이다. 숲에서 숲과 호흡을 함께 하는 자의 독단 같은 것이 있는 것이다. 이 독단은 일종의 독아론이기도 하다는 점에서 부정적이지만, 유승도에게 그것은 그 자신

을 살아남아 있게 하는 근거와도 같다. 그는 스스로 판단하고 행동하지만, 그것을 제왕적 위치에서 하지 않는다. 이점이 중요하다. 그의 독단은 요컨대 생태적 균형 속에서 자연스럽게 취해지는 독단이다. 그가 죽이는 벌레들은, 최소한 시인의 눈에는, 아무 일도 일어나지 않는 상태의 사건의 당사자들이다. 그 고요한 상태의 사건들. 유승도가 표현하려는 것은 생명의 죽음까지 포괄하는 그 고요의 움직임이다. 그는 그것을 혁명이라고 부른다.

삼일 전부터 눈이 내린다
앞산도 뒷산도 옆산도 밭도 집도 나무도 바위도 차도 길도 하늘도 하얗다
무엇도 말이 없다
바람이 분다 와와 나무에 붙었던 눈덩이들이 눈보라로 휘날리며 퍼져나간다 화급히 울며 날아가는 새도 이미 눈송이다

산속에 띄엄띄엄 흩어져 살며 만나지도 않던 사람들이, 길이 누워 있던 곳을 따라 밀대를 밀며 함께 눈을 치우고 있다

—「혁명」 전문

혁명이 이런 것이라면, 세계에는 혁명 아닌 것이 없을 것이다. 다른 말로 하면 세상의 모든 일들은, 그것이 기존의 관행이나 한도를 벗어나는 것이라면, 모두 각각의 사건이다. 그리고 이 사건들이 바로 주체를 만들어내는데, 당연히 이때 사건의 유동 속에서 주체는 곧 타자와 뒤섞이는 존재이다. 요컨대 나는 너이다. 주체야말로 사건의 중심점인데, 사건이란 기존의 존재와 그 조건들을 벗어날 때에만 성립되는 것, 하나의 존재가 존재 이상이 될 때에만 발생하는 것이기 때문이다. 나는 나로부터 벗어날 때에만 '사건의 주체'가 되는 것이다. 「혁명」에는 바로 그 사실이 있다. 아니, 시인은 그것 이상으로 나아간다. 우선, 눈은 삼일 동안 쉬지 않고 내린다. 세상은 온통 무정한 백색 장소로 변해 버린다. 진정한 의미가 도래하는 때가 바로 이때이다. 만나지도 않던 사람들이 함께 행동하는 일은 단절과 지속을 넘어서서 하나의 존재가 다른 존재로 거듭나는 움직임을 의미할 것이다. 여기에는 이중적인 의미의 지속과 단절이 있다. 사람들은 숲에 흩어진 채 단절되어 있다. 삼일을 그치지 않고 내리는 눈 때문에 그들은 그 단절을 넘어 '함께' 일하는 존재로 전환된다. 이때 지속은 단절로 바뀌고 단절은 지속으로 바뀐다. 흩어져 있던 사람들이 함께 있는 사람으로 될 때 '단절→지속'이 되고, 하나의 존재가 다른 존재로 나아가는 길에 '지속→단절'의 마디가 있다. 세상은 그렇게 하나의 사건 속에서 단절과 지속의 상호 운동을 통해 주체가 되는 존재들로 이루어지는 것이다. 그 존재들이 단절 속에서 주체가 되지만, 그것은 결국 그 존재들 사이에 지속이라는 길을 만드는 사건과 주체라는 사실을 알려 준다. 시인의 혁명이란 그런 것이다. 이 존재 전도의 혁명이야말로 세상을 가장 밑바닥에서 바라보도록 하는 동력이다. 그 인식이 시인으로 하여금 '나의 안식처는 너의 사냥터다'라고 말하도록 할 것이다. 이것은 세상의 모든 면모를 보아버린 사람이 할 수 있는 말이다. 그 결과

바람도 멎은 저녁, 해도 기울어 땅거미가 마을을 갉아먹는다

사람들은 찾아오는 이들을 반겨하지 않는다
떠나간 사람을 그리워하지도 않는다

찢겨진 의심의 눈초리로 서로를 바라보며
나뭇잎들도 서둘러 제 몸 가까이 어둠을 당겨 놓았다

—「산속 마을에 어둠이 덮일 무렵」 전문

과 같은 시가 나온다. 시에는 상실과 소멸과 체념의 이미지가 들어 있다. 산속 마을의 저녁이 풍족함과 거리가 멀다는 사실은 그 장소가 더 이상 자연의 풍요도 안정도 없다는 것을 뜻한다. 그런데 그 상실감은 불모의 그것이 아니다. 한 존재가 다른 존재를 '반기지도 그리워하지도 않는' 세계 속에서는 오직 무정함만이 모든 것을 규정할 텐데, 그렇게 본다면 시에 드러난 것은 진정한 의미에서의 자연 그 자체일 것이다. 그 존재론적 조건 속에서 '어둠을 당겨놓는 것'은, 모든 존재가 시작되는 장소를 준비하는 것과도 같다. 혼돈이나 어둠의 장소에서 탄생하지 않는 것들은 없는 법이다. 진정한 탄생이란 그런 것인데, 「산속 마을에 어둠이 덮일 무렵」은 그러므로 그 탄생들의 출발점에 대한 투정어린 표현이기도 하다. '저녁이 되고 아침이 되니 첫째날이더라'와 같은 인식이 어둠을 끌어다 놓는 행위에 스며 있다고 할 수 있다. 다만, 그 이치에 현저히 미치지 못하는 일반적이고도 사소한 인간이 산속에서 저 자연을 자신의 관점으로 바꾸어 보고 있는 것이다.

따라서 유승도의 시에서 그의 생태론적 사유를 보는 것은 일반적인 의미에서의 탈근대적 세계관을 찾아보는 것과는 다른 것이다. 그는 자연을 부러뜨리고 죽이고 짐짓 외면하지만 자연에 대한 그 시각은 자연에 대한 적대자로서의 그것이 아니다. 오히려 그의 그 행위는 자연의 일부로서의 행위이다. 자연은 모든 부정적인 것마저도 포괄하는 심연이자 심연 너머의 거대 시공간 그 자체이다. 그러므로 이런 시적 인식은 지극히 당연한 일이다.

> 삶 중에 반을 차지하는 죽음을
> 보이지 않는 곳에 두고 살아가는 내가 보인다
>
> —「반달」 전문

시는 이중적인 태도를 갖고 있다. 죽음과 함께하는 삶이란 미래를 알 수 없는 삶이자 긍정적이지 못한 삶이다. 그 힘이 삶을 지배할 때 시는 세계에 대한 부정으로 가득찰 것이다. 생의 에너지를 무화시키는 죽음의 영역이 그것이다. 이때 죽음은 삶을 갉아먹는 것이며 그 소모적 진행의 궁극인 비참으로 모든 존재를 몰아가는 것이다. 그런데 이와는 크게 대비되는 의미가 시에 있다. 삶의 반을 차지하는 죽음이 제목 '반달'의 이미지와 결합됨으로써, 그 부정적 절반은 삶의 기본적인 이치를 구성하는 진정성으로 변모한다. 요컨대, 죽음은 가려져 보이지 않는 것으로서 삶의 이면에 놓여 있지만, 온전히 삶에 의해 환하게 채워질 수도 있는 잠재적 공간을 거느리고 있는 것이기도 하다. 반달은 그믐달이 될 수도 있지만 보름달이 될 수도 있기 때문이다. 그래서 죽음은 다시 희열에 대한 역설적 동력이기도 하다. 「산속 마을에 어둠이 덮일 무렵」과 유사한 분위기가 이 시의 반쪽을 차지하는 것인데, 따라서 유승도의 시에서 독자들은 흔히 상식적이라고 일컬어지는 세계 인식과는 다른 것들을 목격하게 된다. 시인은, 짐짓 그것을 모른 척하기도 하지만, 분명히 인식하고 있다.

> 어제보다 푸른 오늘이다
>
> 수백 아니 수천 마리의 벌레를 잡아 죽이고 늦은 아침을 먹는다
>
> 포도잎 뒷면에 다닥다닥 붙은 노랗고 검고 하얀 벌레들
>
> 털이 송송 난 벌레들을 장갑 낀 손으로 꾹꾹 누르거나 슥슥 문질러서 으깨 죽일 때, 벌레들은 갉아먹었던 포도잎을 몸 밖으로 내보내며 제 몸속의 푸르름을 증명한다 하얗거나 노랗거나 검었던 몸빛은 그저 허울이었노라고, 몸속은 푸른빛이라고, 그것이 내 빛이라고, 먹는 것의 빛이 곧 내 몸빛이라고
>
> 벌레들의 소리를 온몸으로 들으며 내 몸을 바라본다 나도 꾹 눌려 터진다면 푸른빛으로 감싸일까? 누군가 나를 쓱 문지른다면 말없이 으깨져 푸른빛이 될 수 있을까?

푸르른 것들을 입안으로 넣으며 창 밖의 푸른 세상을 바
라본다

―「푸른 세상」 전문

시는 단지 푸른 생명의 삶에 대해 지루한 묘사를 하는 것으로 그치지 않는다. 생명의 푸르름에 대한 묘사라면 유승도의 시 말고도 얼마든지 있다. 생태주의 뿐만 아니라 서경시 일반이 바로 그 푸름의 정서와 정경으로 일깨우는 생명의 세계라고 할 수 있다. 이런 지당한 면모 이외에 「푸른 세상」은 하나의 맥락을 더 의미화한다. 죽음을 재생의 계기라고 말하기는 쉬워도 죽음을 먹고 사는 존재가 시인이라고 말하기는 쉬운 일이 아니다. 그러나 유승도는 위 시에서 바로 그 일을 한다. 그는 그 발언 내용의 실제성을 체험으로 실증하고 있는데, 이를테면 시인은 푸른 세상을 먹고 푸른 몸으로 먹히게 될 존재이다. 시는 푸른 벌레가 되는 상상을 펼침으로써 온전한 초록 세상을 지향하는 것을 표면적 의미로 둔다. 그런데 시인은 푸른 몸을 갖자마자 벌레와 동격이 되는 존재인 것이다. 시집 전반에 걸쳐 표현되는 그 벌레잡기가 결국은 자기 죽음의 의미로 전환될 수 있음을 위 시는 잠재적으로 의미화하는데, 시인이 역시 푸르게 먹힐 수도 있는 존재라는 사실에 대해서는 「장난」 같은 시를 보는

것으로 충분하다. 아들이 잠자리를 장난감 권총으로 맞혀 떨어뜨리는 것을 보며 한 사람이 말한다.

> 좀 날아가지
> 옆자리에 앉았던 사람이 말을 했지요
> 나는 그냥 바라보고 있었습니다 어차피 나도 잠자리니까요
>
> —「장난」 부분

시인도 누군가에 의해 손쉽게, 장난처럼 운명을 다할 수도 있는 존재라는 것. 「푸른 세상」의 담론에 비추어 말한다면 '어차피 나도 벌레니까요' 라고 시인은 쓰고 있는 셈이다. 그가 이 점을 인정하는 것은 이 세상의 희극이나 비극이 그다지 중요한 의미를 갖지 않을 수도 있다는 사실을 뜻한다. 세계를 구성하는 존재들의 삶, 시간과 공간은 어떤 근원에 의해 이미 포괄되어 있는 것이다. 이미 사람들에게 이 세계의 운행 원리는 주어져 있는 것이라고도 할 수 있다. 우리는 누구도 그 원리로부터 벗어나서 세상을 좌우할 수 있는 존재가 아니다. 사람들에게 허락된 영역이 있다면 이 세계가 움직이는 경로를 따라 일방적으로 규정되지 않을 수 있다는 것이다. 그럴 수 있는 경로는 기존의 사유체계가 가진

한계를 드러내고, 그 드러냄을 통해서 당연하게 여겨졌던 것들을 공백의 무(無)로 돌려놓는 것이다. 이 무화의 행동이란, 표면적으로는 부재하는 것들을 촉발하는 동력이지만 이면적으로는 잠재적인 것들을 하나의 사건으로, 그래서 사건이 의미화되는 세상의 진리로 바꾸어놓는 동력이다. 따라서 이 행위는 기존의 인식과는 커다란 단절, 공백을 불러오는 계기이다. 여기에는 단지 물질적인 단절만 있는 것이 아니라 인식상의 단절이 있다. 이 공백을 통해 주체가 탄생한다(바디우)고 말할 수 있다면, 이제 사람들은 모든 시와 시인이 그 진리를 드러내는 사건이자 주체라고도 할 수 있게 된다. 유승도는 바로 그 사건의 진리를 산속에서 이 세속과의 단절을 통해 몸소 실현하는 체증자이다. 우리는 시의 언어로 드러나는 그의 그 체증을 통해 삶과 죽음이 무정한 차원에서 포괄되는 사태를 살펴보았다. 그의 생태주의는 탈근대라는 이름으로 수식되는 주관적 생명주의가 아니다. 그의 생태주의는 글자 그대로 무정한 생태주의이다. 여기에는 인간학적 관점이 들어갈 여지가 별로 없다. 인간적인 감정으로 표현될 수는 있겠지만 그 인간의 감정은 벌레를 잡고 벌레처럼 푸른 몸이 되어 잠자리처럼 죽어가는 삶을 예감하는 시인에게는 얼마나 실없는 바람과도 같은 것인가. 유승도는 그 대자연의 풍경을 배경 삼아 살면서 그 자신 그 풍경 속의 무정한 풍경으로 이미 살아가고 있는 중이다. 시인들이 준비해 준 언어로 드러나는 풍경들의 사건적 진리가 아니라면 도시의 속도전에 부대끼는 인간들은 저 자연의 의미를 품어볼 염두를 갖지 못할 것이다. 그의 시는 때로는 과할 정도로 심심하고 때로는 지나칠 정도로 순진한데, 이점 때문에 그의 시를 근대적 서정시의 언어적 성채라고는 할 수 없지만, 또한 그의 시는 이미 언어적 공교함을 넘어서 있는 풍경 그 자체인 것이다. 풍경을 기다리는 동안 사람들은 오래 긴장하면서 즐거워지다가 풍경과의 만남이라는 사건을 경과하면서 급격히 심심해지기 시작한다. 그런 의미에서 유승도의 시는 인간의 정서를 이미 떠나 있는 것인지도 모른다. 익숙한 듯하면서 다시 보면 문득 낯설어지는 풍경들의 조용한 배리가 그의 시에는 아주 많이 들어 있다. 애초에 인간 것이 아니었으나, 인간들이 제 것으로 착각했던 풍경의 산속 삶은 그것을 찾아내면서 신기해하는 것이야말로 온전히 독자의 몫이다.

시인의 말

비가 오다가 진눈깨비가 오다가 눈이 내린다. 새해 눈맞이는 참 어지럽다. 땅이 젖은 탓에 눈은 내리자마자 녹아 과연 눈이 오는 것인지 어쩐 것인지 아리송하기도 하다. 그런 눈도 이내 멎었다. 그러고 보니 더욱 아리송하다. 눈이 내린 것인지 어쩐 것인지.

살아갈수록 삶은 눈처럼 아리송하다. 옳고 그름이 확연히 나뉘어지지 않는다. 그러니 이건 옳고 저건 그르다고 선을 그을 수 있었던 시절은 그나마 좋은 날들이었던가? 이런 물음조차 아리송하기만 하다.

시인 서정주를 욕하던 때가 있었다. 요즘은 그를 욕하지 않는다. 지난 행동에 대해 반성하지 않는다며 욕을 했지만 그는 과연 무엇을 반성할 수 있었을까? 친일파는 여전히 이 나라의 권력을 쥐고 있고 독재세력 또한 마찬가지인데 무엇을 반성해야 했을까?

민주화를 이뤘다고 하는 사람들 중의 주축이 되는 사람들이 보이지 않는 곳에서 자신의 학벌을 굳건하게 만들며 조선 시대를 떠올리는 신분사회를 만들어가고 있는 현실은 또 어찌해야 하나. 개인의 가치를 얘기하면서 뒤로는 파벌을 만들어 꼼짝달싹하지 않는 문학판은 또 어찌해야 하나.

나는 평원의 들개무리보다는 숲 속의 한 마리 호랑이가 좋다. 숲 속 멧돼지들이나 사냥하여 먹으면서 보이지 않게 살다가 그대로 사라지면 그것으로 좋겠다.

2012년 새해, 망경대산 중턱 오두막에서

유승도

일방적 사랑

2012년 1월 25일 초판 1쇄 찍음
2012년 1월 31일 초판 1쇄 펴냄

지은이 _ 유승도
펴낸이 _ 양동문
펴낸곳 _ 詩와에세이

신고번호 _ 제319-2005-000014호
주소 _ (120-865) 서울시 서대문구 북아현동 1-495 세방그랜빌 2층
대표전화 _ (02)324-7653, 070-8877-7653
팩시밀리 _ 0505-116-7653
휴대전화 _ 010-5355-7565
전자우편 _ sie2005@naver.com
공 급 처 _ 한국출판협동조합
주문전화 _ (070)7119-1741~2
팩시밀리 _ (031)944-8234~6

ISBN 978-89-92470-69-8 03810

* 이 시집은 2011년 한국문화예술위원회의 문예진흥기금을 받았습니다.

* 책값은 뒤표지에 표시되어 있습니다.